RAPPORT

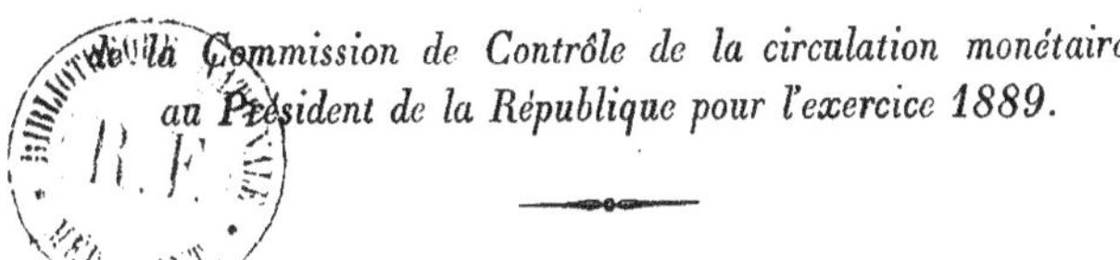

*de la Commission de Contrôle de la circulation monétaire
au Président de la République pour l'exercice 1889.*

MONSIEUR LE PRÉSIDENT,

La Commission de contrôle de la circulation monétaire, instituée par la loi du 31 juillet 1879, a l'honneur de vous remettre, en conformité de l'article 6 de cette loi, le compte rendu des vérifications auxquelles elle s'est livrée sur les pièces de monnaies frappées au cours de l'année 1889 et sur les pièces provenant d'émissions antérieures extraites de la circulation.

I. — PIÈCES FRAPPÉES ET ÉMISES EN 1889.

L'Administration des Monnaies a fabriqué, en 1889, des pièces d'or, d'argent et de bronze pour la France, et des pièces d'argent et de bronze pour l'Indo-Chine.

Le tableau ci-dessous, dressé d'après les écritures de la Direction générale, fait connaître l'importance de cette fabrication et la nature des monnaies sur lesquelles elle a porté :

DÉNOMINATION DES PIÈCES.	NOMBRE DE PIÈCES.	VALEUR NOMINALE.
I. — MONNAIES FRANÇAISES.		
Or { Pièces de 100 francs.................	100	10,000ᶠ 00ᶜ
— 50 —	100	5,000 00
— 20 —	873,090	17,461,800 00
— 10 —	100	1,000 00
TOTAL des monnaies d'or (à reporter)...........	873,390	17,477,800 00

DÉNOMINATION DES PIÈCES.	NOMBRE DE PIÈCES.	VALEUR NOMINALE.
Report....................	873,390	17,477,800ᶠ 00ᶜ
I. — MONNAIES FRANÇAISES. (Suite.)		
ARGENT — Pièces de 2 francs.................	100	200 00
— 1 —	100	100 00
— 5o centimes..............	100	50 00
— 20 —	100	20 00
TOTAL des monnaies d'argent............	400	370 00
BRONZE — Pièces de 10 centimes..............	1,010,000	101,000 00
— 5 —	1,660,000	83,000 00
— 2 —	600,000	12,000 00
— 1 —	400,000	4,000 00
TOTAL des monnaies de bronze..........	3,670,000	200,000 00
II. — MONNAIES COLONIALES. (INDO-CHINE.)		
ARGENT — Pièces de 1 piastre.................	1,239,884	6,748,688 61
— 5o/100 de piastre..........	100	272 15
— 20/100 —	100	108 86
— 10/100 —	100	54 43
TOTAL des monnaies d'argent............	1,240,184	6,749,124 05
BRONZE — Pièces de 1/100 de piastre..........	1,573,464	85,643 64
TOTAL GÉNÉRAL DES MONNAIES FRAPPÉES..........	7,357,438	24,512,937 69

Comme dans les années précédentes, la Commission a fait porter ses vérifications, non seulement sur les monnaies françaises mais aussi sur les monnaies coloniales.

M. le directeur général de la Monnaie lui a remis les procès-verbaux relatifs à la frappe des brèves mises en délivrance pendant l'année 1889, avec les deux clefs de la caisse contenant les pièces prélevées sur chacune de ces brèves, conformément aux articles 8 et 9 du décret réglementaire du 31 octobre 1879.

Le nombre des procès-verbaux et celui des échantillons, d'après ces procès-verbaux, est résumé dans le tableau ci-dessous :

DÉNOMINATIONS DES PIÈCES.	NOMBRE des PROCÈS-VERBAUX.	NOMBRE des ÉCHANTILLONS.
I. — MONNAIES FRANÇAISES.		
Or — Pièces de 100 francs	1	1
— 50 —	1	1
— 20 —	91	91
— 10 —	1	1
Argent — Pièces de 2 francs	1	2
— 1 —	1	2
— 50 centimes	1	2
— 20 —	1	2
Bronze — Pièces de 10 centimes	21	42
— 5 —	17	34
— 2 —	9	18
— 1 —	5	10
II. — MONNAIES COLONIALES.		
Argent — Pièces de 1 piastre	62	124
— 50/100 de piastre	1	2
— 20/100 —	1	2
— 10/100 —	1	2
Bronze — Pièces de 1/100 de piastre	32	64

Après avoir constaté d'abord l'intégrité des doubles cachets apposés sur les échantillons, puis la conformité entre le nombre des échantillons et les indications du relevé fourni par l'administration des Monnaies, la Commission a pris au hasard pour les vérifications auxquelles elle avait à se livrer :

Sur les échantillons des brèves de 100^f 00^c 1 pièce.

—	—	50 00	1	—
—	—	20 00	8	—
—	—	10 00	1	—
—	—	2 00	1	—
—	—	1 00	1	—
—	—	0 50	1	—
—	—	0 20	1	—

Sur les échantillons des brèves de   0^f 10^c   2 pièces.
—   —   0   5   2   —
—   —   0   2   2   —
—   —   0   1   1   —
—   —   1 piastre 8   —
—   —   50/100   1   —
—   —   20/100   1   —
—   —   10/100   1   —
—   —   1/100   2   —

et elle a délégué ceux de ses membres qui appartiennent à l'Académie des sciences et que leur haute compétence désignait naturellement à son choix, MM. Frémy et Péligot, pour diriger et surveiller le pesage et l'analyse quantitative de ces pièces.

Ce double travail de vérification a donné les résultats que voici :

**Échantillons choisis par la Commission de contrôle
sur les fabrications monétaires effectuées dans l'année 1889.**

I. — Monnaies françaises.

NATURE DES PIÈCES.	NUMÉROS des brèves.	POIDS.	TITRES.
		gr.	mill.
100^f 00^c.................................	1	32 258	900 0
50 00.................................	1	16 130	900 0
	23	6 448	900 1
	37	6 456	900 0
	47	6 451	900 0
	67	6 455	900 1
20 00.................................	71	6 458	900 3
	75	6 453	900 2
	82	6 451	900 0
	87	6 460	900 3
10 00.................................	1	3 227	900 0
2 00.................................	1	10 003	837 0
1 00.................................	1	5 005	837 3
0 50.................................	1	2 502	837 8
0 20.................................	1	1 006	837 5

I. — Monnaies françaises. (Suite.)

NATURE DES PIÈCES.	NUMÉROS des BRÈVES.	POIDS.	TITRES.		
			CUIVRE.	ÉTAIN.	ZINC.
		gr.			
10 centimes	6	10 040	95 10	3 90	1 00
	21	9 990	95 15	3 90	0 95
5 —	5	5 020	95 05	4 00	0 95
	12	4 991	95 00	3 90	1 10
2 —	2	2 007	95 00	4 00	1 00
	6	2 006	95 05	4 00	0 95
1 —	3	1 002	95 00	4 00	1 00

II. — Monnaies coloniales.

NATURE DES PIÈCES.	NUMÉROS des BRÈVES.	POIDS.	TITRES.		
		gr.	mill.		
	3	27 246	900 6		
	17	27 220	900 0		
	28	27 215	900 2		
	35	27 227	900 2		
1 piastre	42	27 200	900 1		
	50	27 250	900 3		
	55	27 230	901 0		
	59	27 227	900 6		
50/100 de piastre	1	13 570	901 0		
20/100 —	1	5 455	901 8		
10/100 —	1	2 736	901 7		
			CUIVRE.	ÉTAIN.	ZINC.
1/100 —	13	10 030	94 6	4 3	1 1
	25	10 010	94 7	4 3	1 0

Le poids, la composition et les limites de tolérances pour les monnaies soumises cette année au contrôle de la Commission sont fixés par la loi comme suit :

NATURE DES PIÈCES.	POIDS.				TITRE.			
	POIDS droit.	TOLÉRANCE en plus ou en moins.	POIDS maximum.	POIDS minimum.	TITRE droit.	TOLÉRANCE en plus ou en moins.	TITRE maximum.	TITRE minimum.
	gr.	mill.	gr.	gr.	mill.	mill.	mill.	mill.
I. — MONNAIES FRANÇAISES.								
Or — Pièces de 100 francs	32 258 06	1	32 290 31	32 225 81	900	1	901	899
Or — 50 —	16 129 03		16 145 15	16 112 91				
Or — 20 —	6 451 6	2	6 464 5	6 438 7				
Or — 10 —	3 225 8		3 232 25	3 219 35				
Argent — Pièces de 2 francs	10 000	5	10 050	9 950	835	3	838	832
Argent — 1 —	5 000		5 025	4 975				
Argent — 50 centimes	2 500	7	2 517 5	2 482 5				
Argent — 20 —	1 000		1 010	0 990				
Bronze — Pièces de 10 centimes	10 000	1 0/0	10 100	9 900	Cuivre 95	1 0/0	96	94
Bronze — 5 —	5 000		5 050	4 950	Étain 4	1/2 0/0	4 5	3 5
Bronze — 2 —	2 000	1/2 0/0	2 030	1 970	Zinc 1		1 5	0 5
Bronze — 1 —	1 000		1 015	0 985				
II. — MONNAIES COLONIALES.								
Argent — Pièces de 1 piastre	27 215	3	27 297	27 133	900	2	902	898
Argent — 50/100	13 607 5		13 647	13 566				
Argent — 20/100	5 443	5	5 470	5 416				
Argent — 10/100	2 721 5	7	2 740	2 702				
Bronze — Pièce de 1/100	10 000	1 0/0	10 100	9 900	Cuivre 95	1 0/0	96	94
					Étain 4	1/2 0/0	4 5	3 5
					Zinc 1		1 5	0 5

Le rapprochement entre les chiffres consignés dans ce dernier tableau et les résultats de la pesée et de l'analyse des monnaies vérifiées par la Commission montre une fois de plus la parfaite régularité de la fabrication.

II. — PIÈCES PROVENANT D'ÉMISSIONS ANTÉRIEURES À 1889 ET EXTRAITES DE LA CIRCULATION.

Le second paragraphe de l'article 5 de la loi du 31 juillet 1879 impose à la Commission de contrôle l'obligation de faire porter ses vérifications sur les pièces extraites de la circulation.

Nous avons expliqué, dans notre rapport de l'an dernier, comment cette disposition de la loi avait été interprétée par nos prédécesseurs en ce sens que la vérification n'était opérée que sur les émissions de l'année antérieure. Mais cette interprétation a donné lieu à quelques critiques, et nous avons pensé répondre plus sûrement aux vues du législateur en étendant nos investigations à toutes les espèces métalliques qui composent la circulation de notre pays.

Nous avons donc prié M. le Gouverneur de la Banque de France de vouloir bien faire prélever, sur ses recettes d'un jour, des échantillons de toutes les monnaies françaises fabriquées en 1888. Nous lui avons demandé, en même temps, de mettre à notre disposition un groupe de deux cent mille pièces de 20 francs prélevées au hasard dans la circulation courante.

Le résultat des vérifications de pesée et d'analyse effectuées sur les pièces émises en 1888 est donné par le tableau ci-dessous.

Monnaies nationales frappées en 1888, prises dans la circulation et remises à la Commission de contrôle de la circulation monétaire par la Banque de France le 8 janvier 1890 :

NATURE DES PIÈCES.	NOMBRE DE PIÈCES.	POIDS.	TITRES.
		gr.	mill.
20 francs	1	6 448	900 2
	1	6 453	900 1
	1	6 451	899 9
	1	6 442	900 1
	1	6 443	900 1
	1	6 442	900 1
2 francs	1	10 006	834 8
	1	9 984	834 5
	1	9 960	834 5
	1	10 017	834 3
	1	9 970	834 3
	1	10 012	834 0
1 franc	1	5 007	834 5
	1	4 988	834 8
	1	5 020	836 0
	1	4 995	835 2
	1	5 003	836 0
	1	5 000	834 8
50 centimes	1	2 510	835 2
	1	2 505	835 8
	1	2 500	836 0
	1	2 487	834 8
	1	2 493	834 8
	1	2 502	835 6

NATURE DES PIÈCES.	NOMBRE DE PIÈCES.	POIDS.	TITRES.		
			CUIVRE.	ÉTAIN.	ZINC.
		gr.			
10 centimes......................	1	9 943	94 9	4 1	1 0
5 —	1	5 027	94 8	4 2	1 0
		Poids moyen d'une pièce.			
2 —	10	1 991	94 8	4 2	1 0
1 —	10	1 013	94 9	4 0	1 1

Ici encore nous retrouvons une confirmation complète du jugement que nous avions porté sur la fabrication de l'année dernière. Les deniers courants frappés au millésime de 1888 restent notablement au-dessus des tolérances légales.

Le titrage des 200,000 pièces de 20 francs, appartenant à toutes les émissions qui se sont succédé depuis le commencement du siècle, était matériellement impossible dans les limites de temps que la loi assigne à la présentation du rapport de la Commission de contrôle; mais nous avons pu, avec le secours des machines de trébuchage que l'administration de la Monnaie a mises à notre disposition, obtenir le comptage des pièces légères et fixer le frai qu'elles avaient subi. En ce qui concerne l'analyse chimique des pièces, nous avons dû nous borner à la faire porter sur vingt-six échantillons appartenant autant que possible à des émissions espacées de cinq ans en cinq ans.

Les résultats obtenus par la pesée et l'analyse de ces pièces sont consignés dans le tableau suivant.

État des échantillons destinés à la Commission de contrôle de la circulation monétaire et prélevés, autant que possible, de cinq ans en cinq ans à partir de 1830, sur 4,000,000 de francs, en pièces de 20 francs, pris dans la circulation et versés par la Banque de France en janvier 1890.

NOMBRE DE PIÈCES.	MILLÉSIMES.	POIDS.	TITRES.	OBSERVATIONS.
		gr.	mill.	
2 pièces...........................	1830	6 422	899 5	
		6 411	899 2	
1 —	1834	6 440	899 0	
2 —	1835	6 440	899 0	
		6 369	898 8	
2 —	1840	6 431	899 5	
		6 421	900 2	
2 —	1844	6 418	900 2	
		6 425	898 8	

NOMBRE DE PIÈCES.	MILLÉSIMES.	POIDS.	TITRES.	OBSERVATIONS.
		gr.	mill.	
2 pièces.............................	1850	6 424	899 0	
		6 430	899 0	
2 —.............................	1855	6 415	899 2	
		6 425	899 0	
2 —.............................	1860	6 423	897 8	
		6 443	899 5	
2 —.............................	1865	6 440	897 4	Pièce cassante comme du verre.
		6 463	899 3	
2 —.............................	1870	6 428	900 5	
		6 425	899 8	
3 —.............................	1875	6 430	900 3	
		6 449	899 5	
1 —.............................	1879	6 444	899 8	
		6 450	900 0	
2 —.............................	1886	6 443	899 8	
		6 445	899 5	

Comme conclusion de l'ensemble de ses vérifications, la Commission de contrôle déclare :

1° Que les pièces d'or de 100, 50, 20 et 10 francs ; les pièces d'argent de 2 et 1 franc, 50 et 20 centimes et les pièces de bronze de 10, 5, 2 et 1 centime, émises par l'Administration des monnaies en 1889, sont droites de poids et de titre ;

2° Que les pièces d'argent de 1 piastre, 50/100, 20/100, 10/100 de piastre et les pièces de bronze de 1/100 de piastre, fabriquées dans le cours de la même année, pour les besoins de l'Indo-Chine, sont également droites de poids et de titre ;

3° Qu'il en est de même des pièces d'or de 20 francs, des pièces d'argent de 2 francs, 1 franc et 50 centimes, des pièces de bronze de 10, 5, 2 et 1 centime, émises en 1888 et prélevées sur la circulation courante ;

4° Que les pièces françaises de 20 francs frappées depuis le commencement du siècle, soumises depuis deux ans aux vérifications de titrage, ont toutes été trouvées d'une composition irréprochable.

Entretien de la circulation monétaire.

Nous nous sommes longuement étendus, dans notre rapport de l'année dernière, sur la question du frai ou autrement dit de la perte de poids que subissent les monnaies en rendant les services pour le besoin desquels elles ont été créées.

La loi de leur usure est évidemment impossible à déterminer *a priori*, à cause de la variété infinie des circonstances dans lesquelles elles sont utilisées.

Dans la première moitié de ce siècle, les monnaies d'or n'entraient que très exceptionnellement dans les payements ordinaires; aujourd'hui, elles font partie de l'argent de poche et sont employées pour les plus petits règlements de ménage; mais, par contre, elles séjournent souvent inactives pendant une longue série d'années dans les réserves des grandes banques.

Ce n'est donc que par des vérifications souvent répétées et portant sur un très grand nombre de pièces que l'on peut se rendre un compte exact de l'état des monnaies composant notre circulation au point de vue de leur valeur intrinsèque et de leur puissance libératoire dans nos achats à l'étranger. Aussi, dans notre rapport de l'année dernière, nous avions émis le vœu que l'Administration des Monnaies poursuivît les constatations de frai qu'elle avait commencées en 1884 et renouvelées en 1888.

Notre vœu a été exaucé, et l'Administration nous a communiqué cette année les résultats d'une vérification effectuée sur 4,250,000 pièces de 20 fr. prélevées dans la circulation par les soins de la Banque de France. Nous mêmes, nous avons pu présider au contrôle de 200,000 de ces pièces.

Cette vérification avait ce mérite de porter avec elle une conclusion pratique; car, grâce à un premier crédit ouvert par les chambres, les pièces légères, au lieu d'être simplement notées comme document statistique, étaient retirées de la circulation, refondues et transformées en des pièces nouvelles ayant le poids légal.

Quelle a été la proportion des pièces légères dans ce groupe de 4,250,000 pièces? Quel poids de fin a-t-il fallu leur ajouter pour les ramener au type légal? Quelle a été la dépense moyenne que cette opération a exigée?

Voilà autant d'informations précieuses pour évaluer les frais d'une remise en état de notre monnaie d'or, que nous avons recommandée et que nous recommandons de nouveau à l'attention des pouvoirs publics.

La vérification de 200,000 pièces de 20 francs spécialement effectuée pour la Commission de contrôle, donnant des résultats en parfaite concordance avec celle dont l'Administration des monnaies avait pris l'initiative, c'est à l'ensemble des résultats mis en évidence par cette dernière que nous allons nous référer. Elle porte, en effet, sur une somme vingt fois plus forte que l'autre; elle donne donc des moyennes plus sûres, plus dignes de foi.

Le nombre des pièces vérifiées, avons-nous dit, est de 4,250,000, qui se sont décomposées de la manière suivante :

Pièces françaises......... 3,494,870 soit 82.3 p. 100.
Pièces étrangères........ 755,130 soit 17.7 p. 100.

Ainsi les pièces étrangères pénètrent de plus en plus dans notre circulation. Elles figuraient pour 11.35 p. 100 dans une vérification effectuée en 1884 sur 101,000 pièces de 20 francs. Dans une vérification effectuée en 1888, sur 50,000 pièces, les monnaies étrangères entraient pour 16.35 p. 100. Enfin, dans la vérification de 1889, dont nous rendons compte aujourd'hui, nous constatons une proportion de 17.7 p. 100 de pièces étrangères. La progression est donc continue [1].

Les 3,494,870 pièces françaises soumises à la vérification ont donné :

   3,147,942 pièces bonnes, formant.......   90.07 p. o/o du tout.

     346,597 —— légères, formant.......   9.92 ——————

        266 —— fausses et 65 altérées, formant 0.01 ——————

Ainsi, bien près du dixième des pièces françaises vérifiées a dû être refondu et soumis à une nouvelle frappe. Le poids moyen des pièces légères, évalué en millièmes du poids droit, est de 990.9; il avait été trouvé de 990.3 dans la vérification de 1884. Cette différence s'explique par ce fait que dans la vérification de 1889, exécutée en vue d'une refonte des pièces défectueuses, on avait réglé les balances automatiques de manière à rejeter dans la catégorie des pièces légères toutes les pièces qui ne différaient de la limite de poids légal (6 gr. 4065) que de 2 millièmes et demi, tandis que dans l'opération de statistique de 1884, les balances ne classaient comme légères que les pièces tombées au poids de 6 gr. 4065 ou à un poids inférieur.

En 1888, une vérification de 50,000 pièces avait fait découvrir quatre pièces fausses en platine doré ; c'est une pièce fausse pour 12,500 pièces.

En 1889, nous trouvons 266 pièces fausses dans un stock de 4,250,000 pièces ; c'est une pièce fausse pour 16,000 pièces : Il y a donc amélioration de ce côté.

Les pièces altérées, soit par une usure mécanique artificielle, soit par l'immersion dans des dissolvants chimiques, étaient au nombre de 57 en 1888 : c'est un peu plus de 1 p. 1,000. En 1889, le nombre des pièces altérées n'a plus été que de 1 sur 65,385.

Pour reconstituer les pièces légères ou altérées en leur substituant des pièces neuves au titre droit, il a fallu ajouter au métal qu'elles avaient

---

[1] Les pièces d'or d'une valeur de 20 francs qui sont admises en France dans les caisses publiques sont, indépendamment des monnaies d'or de l'Union latine (Belgique, Suisse, Italie, Grèce) celles de l'Autriche-Hongrie, admises par décision ministérielle du 14 juin 1874, celles de la principauté de Monaco, admises par décision ministérielle du 6 septembre 1878, et celles de la Russie, admises par décision ministérielle du 17 octobre 1887.

Ces monnaies sont soumises dans leurs fabrications aux mêmes règles de poids et de titre que les pièces françaises.

fourni 28,966 gr. 261 d'or, et l'opération de leur remplacement a nécessité une dépense de 91,753 fr. 93 ainsi répartie (voir le tableau annexe) :

Frais de triage......................	4,250^f 00^c
Frais de fonte.......................	443 19
Valeur du métal ajouté...............	72,061 03
Frais de fabrication.................	14,999 71
ENSEMBLE..........	91,753 93

qui, répartis entre 346,597 pièces, font ressortir une dépense moyenne par pièce de 0 fr. 265, dans laquelle la fourniture de métal entre pour 0 fr. 2079, c'est-à-dire pour près des 4/5.

Appuyés sur ces résultats, nous pouvons donc considérer comme à peu près certain, qu'avec une dépense de treize à quatorze cent mille francs par milliard, nous arriverions aujourd'hui à rendre parfaites toutes les pièces de 20 francs qui entrent dans notre circulation française.

Si, pour rendre ce sacrifice moins lourd pour deux à trois budgets, on répartit la dépense sur un grand nombre d'années, il faut se préparer à voir les frais de l'ensemble de l'opération croître en proportion de ces délais, chaque jour qui s'écoule tendant à diminuer le poids des pièces en circulation et à augmenter l'appoint de métal qu'il faudra leur ajouter pour les rendre conformes aux prescriptions de la loi.

Nous avons l'honneur d'être, Monsieur le Président, avec un profond respect, vos très dévoués serviteurs.

Le Sénateur, Président de la Commission,

Signé: TEISSERENC DE BORT.

Le Président de Section au Conseil d'État, secrétaire,

Signé: A. PICARD.

Les Membres :

Signé: MM. BURDEAU (A.), désigné par la Chambre des députés;

MUSNIER DE PLEIGNES (P.), désigné par la Cour des comptes;

MAGNIN (J.), désigné par le Conseil de la Banque de France;

PÉLIGOT (Eug.), désigné par l'Académie des sciences;

FRÉMY (E.), désigné par l'Académie des sciences;

POIRRIER (Ad.), désigné par la Chambre de commerce de Paris;

DEHAYNIN (F.), désigné par la Chambre de commerce de Paris.

ANNEXES.

ENTRETIEN DE LA CIRCULATION MONÉTAIRE.

N° 1.

Tableau des résultats obtenus par la vérification de 85,000,000 de francs représentés par 4,250,000 pièces de 20 francs versées par la Banque de France et prélevées dans la circulation.

NOMBRE de pièces vérifiées.	NATIONALITÉ étrangères.	FRANÇAISES Pièces bonnes.	FRANÇAISES Pièces légères.	FRANÇAISES Pièces fausses ou altérées.	PROPORTION p. 100 des pièces étrangères.	PROPORTION p. 100 des pièces légères relativement aux pièces françaises.	PIÈCES LÉGÈRES poids avant la fonte.	poids moyen exprimé en millièmes du poids droit.	poids après la fonte.	titre.	poids fin.	fin d'après le poids droit et le titre droit.	fin manquant.	PIÈCES NEUVES en remplacement des pièces légères — Nombre.	Poids.	Titre.	Fin.	FIN restitué — Différence entre les colonnes 14 et 18.
1	2	3	4	5	6	7	8	9	10	11	12	13	14	15	16	17	18	19
4,250,000	735,130	3,147,049	346,597	331 (1)	17.7	6.02	2,215ᵏ961.4	999.9	2,214ᵏ882.2	899.1	1,961ᵏ205.75	2,012ᵏ497.7	20ᵏ994,520	346,597	3,235ᵏ811.2	999.1	2,012ᵏ170,840	20ᵏ994,520 (2)

(1) Ce chiffre 331 comprend 266 pièces fausses (platine doré), soit 0.078 p. 1.000, et 63 pièces altérées frauduleusement, soit 0.018 p. 1.000.
(2) La différence entre les colonnes 14 et 19 provient du jeu des tolérances.

DÉPENSES DE L'OPÉRATION.

FRAIS de refonte et de triage.	de port.	VALEUR du fin restitué.	FRAIS de fabrication.	TOTAL.	DÉPENSE en pièce de 20 francs.
4,850ᶠ	443ᶠ 79ᶜ	72,061ᶠ 03ᶜ	14,999ᶠ 73ᶜ	91,153ᶠ 93ᶜ	26 cent. 5

CIRCULATION MONÉTAIRE.

N° 2.

Tableau des résultats obtenus par la vérification de 4,000,000 de francs représentés par 200,000 pièces de 20 francs versées par la Banque de France et prélevées dans la circulation.

NOMBRE de pièces vérifiées.	NATIONALITÉ étrangères.	FRANÇAISES Pièces bonnes.	FRANÇAISES Pièces légères.	FRANÇAISES Pièces fausses ou altérées.	PROPORTION p. 100 des pièces étrangères.	PROPORTION p. 100 des pièces légères relativement aux pièces françaises.	PIÈCES LÉGÈRES poids avant la fonte.	poids moyen exprimé en millièmes du poids droit.	poids après la fonte.	titre.	poids fin.	fin d'après le poids droit et le titre droit.	fin manquant.	PIÈCES NEUVES en remplacement des pièces légères — Nombre.	Poids.	Titre.	Fin.	FIN restitué — Différence entre les colonnes 14 et 18.
1	2	3	4	5	6	7	8	9	10	11	12	13	14	15	16	17	18	19
200,000	32,605	147,340	17,643	14 (1)	17.7	16.6	111ᵏ509.5	900.0	111ᵏ479.5	899.2	100ᵏ236,142	101ᵏ251,438	1ᵏ035,715	17,643	172ᵏ925.0	900.1	161ᵏ939,887	1ᵏ035,620 (2)

(1) Ce chiffre 14 comprend 9 pièces fausses (platine doré), soit 0.055 p. 1.000, et 5 pièces altérées frauduleusement, soit 0.030 p. 1.000.
(2) La différence entre les colonnes 14 et 19 provient du jeu des tolérances.

DÉPENSES DE L'OPÉRATION.

FRAIS de refonte et de triage.	de port.	VALEUR du fin restitué.	FRAIS de fabrication.	TOTAL.	DÉPENSE en pièce de 20 francs.
200ᶠ	22ᶠ 30ᶜ	3,365ᶠ 23ᶜ	704ᶠ 04ᶜ	4,302ᶠ 57ᶜ	26 cent. 1

www.ingramcontent.com/pod-product-compliance
Lightning Source LLC
LaVergne TN
LVHW010806180726
843502LV00011B/4373